GO! GO!
과학 특공대
09

끝없는 초원에서 만난 아프리카 동물

정완상 지음

BooksHill
이치사이언스

추천의 글

여러분은 상상이 잘 안 되겠지만 선생님은 초등학교 시절 교과서 외에 읽을 수 있는 책이 없었습니다. 한 권 있는 지도책을 등잔불 밑에서 보고 또 보며 세계 여러 나라와 도시 이름을 외우며 상상의 나래를 펼치곤 했지요. 50여 년이 지난 지금도 그때 너덜너덜해진 지도책을 생각하면 저절로 지구상의 모든 나라들이 머릿속에 그려집니다. 읍내에 있는 중학교에 들어가면서 다행히 뉴턴과 아인슈타인, 에디슨 등과 같은 인물들을 책으로 만날 수 있었고, 그때부터 저는 과학자가 되겠다는 꿈을 키웠고 대학에서 과학을 전공하고 교수가 되었습니다.

책은 우리 미래를 밝히는 등대입니다. 선생님은 "Go! Go! 과학특공대"가 여러분을 더 넓은 세상과 더 나은 미래로 이끄는 푸른 신호등이 되리라 확신합니다. 여러분들이 학교에서 배우고 있는 내용들을 즐겁고 재미있게 느끼도록 만들었으니까요.

위대한 과학자 뉴턴은 "나는 진리의 바닷가에서 반짝이는 조개껍질 하나를 줍고 기뻐하는 어린아이와 같다."라고 했습니다. 여러분도 "Go! Go! 과학특공대"를 읽고 뉴턴이 느꼈던 그 기쁨을 마음껏 누려보길 바랍니다.

전우수(한국초등과학교육학회 회장 · 공주교육대학교 교수)

이 책을 읽는 어린이들에게

언제나 날 본체만체하는 우리집 야옹이를 알아가는 것, 친구와 하는 내기에서 빨리 셈하는 방법을 알아내는 것, 밤하늘의 반짝이는 별들의 이름을 찾아보는 것은 즐거운 일이지만, 생물을 공부하고, 수학을 공부하고, 과학을 공부를 하는 것은 어렵습니다. 아니, 솔직하게 말해서 공부는 어렵다기보다 하기 싫은 것이죠. 그럼 왜 공부가 하기 싫을까요? 그것은 어른들한테도 어느 정도 책임이 있답니다. 어른들은 1등, 2등밖에 모르기 때문입니다. 사실 엄마 아빠도 모두가 1, 2등을 한 것도 아니면서 말입니다.

학교 갔다 와서 친구들과 축구를 한다거나 컴퓨터 게임을 하면 재미있죠. 맞습니다. 이 글을 쓴 선생님도 학교 갔다 오면 친구들과 동네를 휩쓸고 다니며 노는 것이 공부보다 즐거웠답니다. 그렇게 놀기만 하다 보니 공부가 점점 더 싫어지더라고요. 그러다가 된통 어머니께 꾸중을 들은 날이 있었습니다. 그날 눈물콧물 줄줄 흘리며 혼자 방 안에 앉아 있는데 '그렇게 놀기만 해서는 커서 빈털터리 건달밖에 안 돼.' 라는 어머니 말씀이 자꾸 생각나더라고요. 그래서 공부하는 데 취미를 붙여 보려고 책 읽는 연습부터 했죠. 하기 싫은 것을 억지로 한다고 해서 될 것이 아니라는 것을 알았기 때문에, 책 읽는 연습부터 한 거예요.

일을 안 하고는 생활할 수 없듯이, 여러분도 아주 조금씩이라도 공부에 관심을 가져야 합니다. 이건 경험을 통해 알게 된 것이에요. 그래서 전 어렸을 적 저처럼 아주 공부하기를 지겨워하는 학생들을 위해 이 책을 썼습니다. 이 책을 재미있게 읽다 보면 몰입하는 즐거움을 느낄 수 있습니다. 몰입이 뭐냐고요? 몰입은 한 가지 일에 푹 빠지는 것을 말합니다. 그러다 보면 바깥이 궁금하고 컴퓨터를 켜고 싶은 생각은 싹 사라지고, 궁둥이도 무거워지겠지요.

이 책에서 여러분은 꼭 배워야 할 내용들을 생활이며, 체험이며, 놀며 즐기는 놀이로 알아갈 수 있습니다. 어떻게 그렇게 하냐고요? 이 책을 통하면 못할 것이 없습니다. 어디든 갈 수 있고 무엇이든 할 수 있죠. 이 책의 주인공들이 경험하는 일들은 모두 우리가 배워야 할 것들이고, 신기하게도 이 친구들을 따라가다 보면 지겨울 틈도, 졸릴 틈도 없답니다. 사실이냐고요? 그럼 선생님 말이 맞나 안 맞나 확인해 보면 되죠. 책장을 펼치고 기대해 보세요. 선생님이 공부를 즐겁게 할 수 있는 마법을 걸어 줄게요. 준비가 되었다면 힘차게 책장을 넘겨 봅시다.

저자 씀

차 례

끝없는 초원에서 만난 아프리카 동물

● 주인공 소개 ●

바이오팬

생물천재 바이오팬은 12살 소년이다.

그는 다른 아이들처럼 학교에 다니지 않고 아버지가 만들어 주신 SR로 모든 공부를 할 수 있다.

SR이 뭐냐고?

SR은 Scientific Reality, 즉 번역하면 '과학현실'이라는 프로그램이다. 우리가 가상현실 게임 속에서 로켓 조종사가 되기도 하고 골프 선수가 되기도 하듯 SR을 통해서 바이오팬은 생물에 대한 모든 것을 여행하며 배울 수 있다.

바이오팬이 오늘 배우고 싶어하는 주제는 아프리카 동물에 관한 것이다. 생물천재에게 그런 게 왜 필요하냐고? 아빠는 기본 개념에 충실해야 한다고 항상 강조하신다. 그래서 바이오팬은 아프리카 동물에 대한 SR을 시행하기로 결심했다.

바이오팬이 SR의 초기화면에서 '과학 〉 생물 〉 동물 〉 아프리카 동물 〉'을 선택하자 다음과 같은 메시지가 나타났다.

아프리카 동물에 대한 SR
프로그램입니다.
당신은 다음 상황을 체험하게 됩니다.
□ 아프리카 동물나라 여행

스테이지 1

왕따 된 코끼리

초식 동물

풀을 먹고사는 동물을 **초식 동물**이라 부른다.

초식 동물은 어금니가 발달되어 있다.

바이오팬은 아프리카 대초원 세렌게티에 도착했다. 이미 SR에서 동물들과 대화를 할 수 있게 설정된 바이오팬은 빨리 동물들을 만나 이야기를 나누고 싶었다.

바이오팬이 세렌게티의 우거진 숲을 지나자 드넓게 잔디가 깔린 대초원이 나타났다. 바이오팬은 이 밀림왕국에서 동물 친구들과 함께 어울려 지내며 즐거운 시간을 보낼 계획이었다.

드넓은 밀림은 초식동물왕국과 육식동물왕국으로 나뉘어 있었으며, 서로는 평화를 유지하며 사이좋게 지냈다. 초식동물왕국에서 생활하게 된 바이오팬은 지혜롭고 슬기로운 아이였고, 햇볕에 그을린 구릿빛 피부에 뒷머리를 질끈 동여매고 나무 타기를 좋아했다.

그러던 어느 날, 조용하던 초식동물왕국에 시끄러운 소리가 났다.

"코순이 너 저리 안 가! 네가 그 긴 코로 내가 먹을 나뭇잎까지 다 따 먹어 치우면 어떡하니?"

목이 기다란 기린이 앙상한 나뭇가지를 바라보며 코끼리 코순이에게 쏘아붙였다.

“미안해, 배가 고파서…….”

코순이가 눈물을 글썽이며 말했다.

어깨를 축 늘어뜨리고 다른 곳으로 힘없이 걸어가던 코순이는 또다시 엉덩이에 뭔가가 닿는 것을 느꼈다.

“에고 에고, 덩치만 크면 다야? 왜 밀고 그래, 아프잖아!”

코순이 엉덩이에 부딪혀 내동댕이쳐진 얼룩말이 소리를 버럭 질렀다.

“아냐, 내가 일부러 그런 게 아냐. 만약 내가 그랬다면 미안해…….”

사과하는 코순이의 목소리는 기어들어갔다.

코순이는 마음에 상처를 받았다. 쓸쓸히 아무도 없는 나무 그늘을 찾아 다시 걷기 시작하는데, 이번에는 떼를 지어 오던 영양들이 뜬금없이 코순이를 불러 세웠다.

“야! 코순이 너 정말 너무하는 거 아니냐? 쉴 새 없이 똥 싸고 오줌 싸는 통에 초식동물왕국 도로는 온통 네 똥 냄새로 숨을 쉴 수가 없어! 아휴, 지저분해. 어휴, 냄새…….”

영양들이 모두 한마디씩 해댔다. 큰 덩치답지 않게 아주 소심했던 코순이는 금세 눈시울이 붉어져 영양들 무리를

급하게 빠져나왔다.

친구들의 눈을 피해 무작정 달리던 코순이는 아무도 없는 나무 그늘을 발견하고 그리로 가서 설움에 복받쳐 엉엉 울어댔다.

“엉엉엉……. 왜 다들 나만 미워하는 거야. 기린은 너무

해! 너무 먹어대는 내 먹성, 나도 한심스러운데……. 타고 난 이 덩치를 어쩌란 말이야. 다이어트를 해도 줄지 않는 덩치를……. 그리고 영양들은 똥 냄새 안 나게 하라니. 덩치가 커서 똥이 많이 나오는 걸 어쩌란 말이야. 난 하루에 200킬로그램 정도는 싸야 한단 말이야. 난 정말, 이 초식 동물왕국에서 왕따인가 봐! 내 맘 알아주는 친구가 아무도 없어! 엉엉엉……."

코순이는 허공을 바라보며 하소연하듯 고래고래 고함지르며 울었다. 그때 나무 위에서 한가로이 낮잠을 자고 있던 바이오팬이 코순이의 울음소리에 깜짝 놀라 일어났다. 바이오팬은 가만히 코순이의 혼잣말을 듣고 있다가 나무 위에서 폴짝 뛰어내려와 코순이 앞에 섰다.

"엄마야! 깜짝 놀랐잖아. 너 언제부터 거기에 있었니? 내가 우는 거 다 본 거지? 너무해, 바이오팬. 이젠 너까지 나를 무시하는구나."

코순이는 바이오팬을 원망하며 닭똥 같은 눈물을 주루룩 흘렸다.

"아니야, 코순아. 난 나무 위에서 낮잠을 자다가 네 우는 소리에 깜짝 놀라 일어난 거야. 무슨 고민이 있구나, 이런 데 혼자 와서 엉엉 우는 걸 보니. 무슨 일이야? 내가 도울 수 있으면 도와줄게."

바이오팬은 서글프게 울고 있는 코순이가 불쌍해 보였다. 코순이는 지금까지 있었던 일들을 바이오팬에게 이야기했다. 차분히 이야기를 듣고 난 바이오팬이 입을 열었다.

"코순아, 네가 다른 동물들에게 왕따당하지 않고 사랑받을 수 있는 방법이 있어."

"그게 도대체 뭔데?"

코순이는 울음을 뚝 그치고 큰 귀를 팔랑거리며 말했다.

"셀프 방식이야."

바이오팬은 코순이를 향해 환한 미소를 지었다.

"엉? 못 알아듣겠어. 자세히 설명해 줘."

코순이는 아리송한 표정을 지었다.

"셀프 방식이란, 네가 싼 똥은 네가 치운다는 거야. 그리고 네 긴 코를 이용해 물청소도 하고 목욕도 자주해서 몸에 똥 냄새도 안 나게 하고. 그럼 다른 동물들도 모두 널 좋아하게 될 거야."

바이오팬이 코순이를 쓰다듬으며 말했다.

"정말 그러면 다들 날 좋아해 줄까?"

코순이는 자신 없는 목소리로 힘없이 말했다.

"그럼 당연하지. 초식동물왕국에서 최고의 인기 스타가 될 거야!"

바이오팬은 코순이의 다리를 토닥이며 용기를 주었다.

"고마워, 바이오팬."

코순이는 바이오팬의 말에 용기를 내고 다시 초식동물왕국으로 돌아갔다. 그리고 바이오팬의 말대로 깨끗하게 몸도 씻고 다른 동물들과 나뭇잎도 나눠 먹었다. 그렇게 며칠이 지나자 깨끗해진 코순이 주위로 어린 동물들이 하나둘씩 모이기 시작했다.

"코순이 아줌마! 놀러 왔어요."

어린 원숭이가 말했다.

"좋아. 내 긴 코를 이용해 놀이기구를 만들어 줄게."

코순이는 이렇게 말하고는 긴 코에 원숭이를 태워 빙글빙글 돌렸다.

"우와, 신난다!"

어린 원숭이는 좋아서 어쩔 줄 몰라 했다. 그리고 코순이와 신나게 놀고 난 후 집으로 돌아가 다른 동물들에게 코순이 이야기를 했다. 이런 소문이 조금씩 퍼지자 동물들 사이에서는 코순이 이야기가 화제가 되었고, 이 일로 코순이는 많은 동물들의 사랑을 받게 되었다. 잠시나마 코순이 문제로 시끄러웠던 초식동물왕국은 다시 평온을 찾았다.

LOOK!

당신은 스테이지 1을 통과했습니다.

다음 아이템을 받을 수 있습니다.

□ 풀피리

린네와 채팅하기

린네 님{린네}이 입장하셨습니다.

바이 님{바이오팬}이 입장하셨습니다.

초식 동물의 특징

린네: 자! 아프리카 초원에 사는 동물 얘기를 해볼까? 초식 동물과 육식 동물의 차이를 아니?

바이: 초식 동물은 풀을 먹고, 육식 동물은 작은 동물을 잡아먹는 거 아닌가요?

린네: 맞아. 초식 동물들이 먹는 풀이나 나뭇잎은 소화가 잘 안 되는 음식이야. 그래서 초식 동물의 어금니는 맷돌처럼 생겼고 소화관이 길어 풀잎을 잘 부수고 소화시킬 수 있어. 소, 양, 낙타와 같은 초식 동물들은 되새김위를 가지고 있지.

린네(Carl von Linne, 1707~1778) 사람에게 '호모 사피엔스' 라는 학명을 붙인 스웨덴의 식물학자. 저서 《자연의 체계 *Systema naturae*》에서 생물을 종명(고유명사)과 속명(보통명사 혹은 형용사)으로 나타내는 학명의 이명법을 창안해 현대 생물 분류법의 기초를 세웠다. 호모 사피엔스의 경우, '호모(사람)' 가 종명, '사피엔스(슬기로운)' 가 속명이다.

바이: 그럼 육식동물의 특징은 뭐죠?

린네: 그야, 바로 송곳니! 육식 동물은 고기를 찢기 위한 송곳니와 아래턱 주위의 근육이 잘 발달되어 있지. 그리고 소화관은 초식 동물에 비해 아주 짧은 편이야.

바이: 초식이면서 육식인 동물도 있어요?

린네: 그런 동물을 잡식 동물이라고 하는데 반달가슴곰, 멧돼지가 여기에 속해.

영양

바이: 영양이 뭐죠?

린네: 소과에 속하는 동물 중에서 소, 양, 산양을 제외한 모든 것을 영양이라고 불러. 영양 중에는 누

라는 동물이 있는데, 누는 엄청나게 많은 수가 떼를 지어 이동해.

바이: 초식 동물들은 주로 떼를 지어 사나요?

린네: 물론! 물소도 2천 마리 정도가 떼를 지어 살고, 가젤은 20마리씩 무리 지어 살아. 이것은 육식 동물로부터 자신들을 보호하기 위해서야.

코뿔소

바이: 코뿔소가 장님이라는데 사실인가요?

린네: 장님은 아니고 시력이 아주 약해서 5미터 앞도 잘 못 봐.

바이: 그럼 적이 오는 걸 어떻게 알죠?

린네: 대신 코와 귀가 아주 예민해서 냄새와 소리로 적을 알아차려.

바이: 오호, 재밌는데요? 코뿔소 얘기 좀더 해주세요.

린네: 코뿔소는 평소에는 아주 순한 동물이야. 하지만

자신의 영토에 침입자가 생기면 화를 내면서 난폭해지지. 코뿔소의 천적이 뭔지 아니?

바이: 사자요?

린네: 사자는 코뿔소를 안 잡아먹어. 덩치도 크고 껍질이 두껍거든. 코뿔소의 천적은 바로 사람이야.

바이: 엥? 그게 무슨 말이에요?

린네: 1970년대부터 밀렵꾼들이 아프리카코뿔소를 마구 잡는 바람에 이제는 2천 마리 정도밖에 남지 않았단다.

바이: 사람들은 코뿔소를 왜 잡는 거예요?

린네: 코뿔소의 뿔이 아주 비싼 한약재로 쓰이거든.

코끼리

린네: 코끼리는 가장 큰 동물이야. 다 자란 코끼리는 몸무게가 4톤에서 6톤 정도 되고, 흔하지 않지만 10톤이나 되는 놈도 있어. 그래서인지 음식을 하

루에 200킬로그램에서 300킬로그램 정도 먹고 물도 100리터 정도 마시지.

바이: 우~와! 엄청나군요.

린네: 코끼리는 동료가 아프면 여러 마리가 도와서 쉴 곳을 찾아 주고 그러다가 동료가 죽으면 쓰다듬어 주면서 슬퍼하지. 그리고 죽은 코끼리의 뼈를 주워서 동굴에 숨겨 놓기도 하고.

바이: 감동! 참 의리 있는 동물이네요. 그런데 코끼리는 코로 어떤어떤 일을 하지요?

린네: 많은 일을 해. 간단하게 정리해 볼게.

1) 냄새 맡기
2) 물건 집어 올리기
3) 물속에서 숨쉬기
4) 높은 나무의 잎 따기
5) 모래나 물을 몸에 뿌리기
6) 새끼 안기
7) 적의 공격 물리치기

바이: 정말 많은 일을 하는군요. 그럼 인도코끼리와 아

프리카코끼리의 차이는 뭐예요?

린네: 아프리카코끼리는 인도코끼리보다 귀가 크고 상아도 길고 사나워서 길들이기가 힘들지. 인도코끼리 암컷은 아예 상아가 없어.

기린

린네: 이번에는 기린에 대해 얘기해 줄게. 기린은 자기보다 높은 곳에 매달려 있는 잎은 먹지 않아.

바이: 그건 왜죠?

린네: 큰 나무가 시야를 가려서 적이 오는지를 알 수 없기 때문이야. 그래서 나무 위로 목을 내밀고 주위를 살피면서 어린 나뭇잎이나 순을 따먹어. 그리고 물을 마실 때는 둘이 짝을 이뤄 한 놈은 물을 마시고 한 놈은 망을 본단다.

바이: 덩치에 비해 겁쟁이군요. 그럼 기린의 키는 어느 정도예요?

린네: 6미터쯤 되지. 키가 커서 먼 곳에서 오는 적을 잘 발견해.

서프라이즈 진실 혹은 거짓

1 _ 기린의 혀는 얼룩무늬다.

□ 진실 □ 거짓

2 _ 코끼리의 키는 자기 발길이의 6.28배이다.

□ 진실 □ 거짓

3 _ 코뿔소는 태어날 때부터 뿔이 있다.

□ 진실 □ 거짓

알쏭달쏭 내 생각

초식동물왕국에는 풀이나 나뭇잎을 먹고사는 많은 초식 동물들이 살고 있다. 그 중에서도 키가 가장 큰 기린은 많은 숏다리 동물들의 부러움을 샀다. 그러던 어느 날 초식동물왕국에 돼지가 놀러왔다.

"에구, 바닥을 기어다는 꼴이 미련하게 생겼네."

기린이 돼지에게 약을 올렸다.

"네가 목만 길었지, 뭐가 잘난 게 있는데?"

돼지가 화가 나서 말했다.

"목이 기니까 내 목에는 너보다 많은 목뼈가 있어. 그것만 봐도 내가 너보다 괜찮은 동물이란 뜻이지."

기린이 목을 쭈욱 뻗으며 말했다.

과연 기린의 주장대로 기린의 목뼈 개수가 돼지의 목뼈 개수보다 많을까? 여러분의 생각은?

□ 그렇다. □ 그렇지 않다.

아하! 알았다 정답

진실 혹은 거짓

1 _ 진실

기린의 혀는 길이가 약 50센티미터 정도이고 아랫부분은 검은색, 윗부분은 흰색을 띠는 얼룩무늬가 있다.

2 _ 진실

코끼리를 연구하는 생물학자들은 19세기부터 코끼리의 키와 발 길이 사이의 관계를 알아냈는데, 그것은 발길이의 6.28배가 바로 코끼리의 키가 된다는 놀라운 사실이었다.

3 _ 거짓

코뿔소는 태어날 때부터 뿔이 있는 것이 아니라 생후 3개월 이후부터 뿔이 나기 시작한다.

알쏭달쏭 내 생각

그렇지 않다.

기린과 돼지의 목뼈 개수는 똑같이 7개다.

스테이지 2

자칼과 하이에나의 공격

육식 동물

작은 동물을 먹고사는 동물을 **육식 동물**이라 부른다.
육식 동물은 송곳니가 잘 발달되어 있다.

조용하고 평화로운 초식동물왕국에서는 따사로운 봄을 맞아 봄 축제가 한창이었다. 겨우내 웅크려 있던 나무에 온갖 꽃들이 화려한 색을 뽐내며 그 얼굴을 드러내고, 추위에 움추렸던 동물들이 하나둘 나와 축제를 즐겼다. 그 중 유난히 눈에 띠는 것은 혼자 방정맞게 뛰어다니며 주접의 진수를 보여 주고 있는 스프링영양이었다. 스프링영양은 이번 축제에서 사회를 맡았다.

"아아, 동네 사람들! 올해도 어김없이 봄은 찾아왔습니다. 아지랑이들도 좋다고 춤을 춰대고 난리군요. 우리도 어디 한번 놀아 봅시다. 그럼 바이오팬, 풀피리 연주 부탁~ 해요~."

바이오팬의 풀피리 연주가 시작되자 신나는 리듬에 맞춰 코순이를 포함한 코끼리들이 빵빵한 엉덩이를 흔들어대며 즐겁게 춤을 추고, 얼룩말 얼룩이는 얼룩무늬를 뽐내며 캉캉 춤을 선보였다.

그렇게 봄밤의 축제가 무르익어가고 모닥불이 사그라질 즈음이었다.

"바이오팬, 육식동물왕국 움직임이 좀 이상해! 자칼과

하이에나 떼가 이쪽을 기웃거리는 게, 분명 무슨 일이 일어날 것 같아."

초식동물왕국에서 가장 긴 목을 자랑하며 보초병 역할을 하는 기린이 의심에 가득 찬 눈으로 바이오팬에게 다가

와 말했다.

"그게 사실이야? 지금은 육식 동물들과 휴전 중이잖아."

한껏 축제 분위기에 빠져 있던 바이오팬의 얼굴이 심각해졌다.

"하이에나와 자칼은 얍삽한 종족들이야. 얼마든지 자기네 왕인 사자의 말을 무시할 수도 있어."

기린은 하이에나와 자칼의 야비한 성격을 바이오팬에게 강조했다.

"그래, 만약 네 말이 사실이라면 가만히 있을 수 없지. 혼을 내줘야겠어. 다른 동물들을 모아 줘!"

결의에 찬 바이오팬의 눈은 달빛을 받아 반짝였다.

"얼룩말과 코뿔소, 코끼리, 영양……, 다 모였지요? 자 모두 잘 들으세요. 지금 육식동물왕국의 자칼과 하이에나 떼들의 움직임이 이상합니다. 모두들 힘을 합쳐 우리 왕국을 지킵시다!"

바이오팬이 모인 초식 동물들을 향해 힘주어 말했다.

동물들은 웅성거리기 시작했다. 한쪽에서는 분노에 찬

목소리로 육식 동물들을 비난하는가 하면, 다른 한쪽에서는 두려움에 떠는 동물들이 안절부절 못하며 걱정스런 눈길로 서로만 쳐다보았다.

"자 여러분, 우리가 이렇게 항상 당할 수만은 없습니다. 저들에게 우리의 힘을 보여 줘야 합니다!"

이번에는 코순이가 나서서 동물들의 용기를 북돋았다.

긴장된 가운데 작전 회의가 시작되었다. 초식 동물들 모두 힘을 합쳐 나라를 지키고자 하는 의지가 역력했다.

나뭇가지에 걸렸던 달이 지자 아프리카의 밀림은 어두컴컴해졌다.

"어~우~"

어둠 속에서 멀리 자칼과 하이에나의 섬뜩한 울음소리가 가늘게 들렸다.

"왜 이렇게 조용해? 다들 먼저 알고 숨어버린 거 아니야? 봄을 맞아 통통해진 육질을 좀 즐겨 보려고 왔는데 개미 새끼 한 마리 보이지 않네."

자칼의 두목 자칼라가 날카로운 목소리로 말했다.

"이 한밤중에 돌아다니는 게 더 이상하지, 이 멍청아! 다들 곤히 잠들었을 테니까 조용조용 따라와. 시끄럽게 떠들지 말고."

하이에나의 우두머리 로우에나가 자칼라를 핀잔주었다. 자칼과 하이에나 떼는 낮은 포복으로 살금살금 움직였다. 그때였다.

"으~아악, 저게 뭐야! 공룡이 나타났다. 고~옹룡이!"

자칼라가 자지러지는 목소리로 소리쳤다.

"이 멍청아 지금이 중생대냐? 공룡이 어디 있다고 그래!"

로우에나는 자칼라의 벌벌 떠는 모습을 보고 콧방귀를 뀌었다. 그러고는 자칼라의 시선이 고정된 곳을 쳐다보았다. 로우에나는 그 순간 엄청난 크기의 얼룩무늬 공룡이 어둠 속에서 무시무시하게 다가오고 있는 것을 발견했다.

"캬~아악! 모두 도망쳐!"

로우에나는 비명을 지르며 있는 힘을 다해 달렸다. 다른 자칼 하이에나들도 자기네 두목과 같이 방향을 잃고 사방팔방으로 흩어졌다.

자칼과 하이에나 떼를 놀라게 한 무시무시한 공룡의 정

체는 얼룩말 무리였다. 바이오팬의 지휘 아래 얼룩말 부대가 얼룩무늬의 흰 부분에 야광페인트를 발라 어둠에서 빛나게 한 후, 여러 마리 얼룩말들이 하나로 뭉쳐 마치 공룡처럼 보이게 한 것이었다.

"자, 이제 코끼리 부대가 나설 차례야!"

바이오팬이 큰 소리로 외쳤다.

그러자 몇몇 코끼리들이 긴 코를 이용해 딱딱한 나무열매를 한 움큼씩 따서 폭탄처럼 던졌다. 또 다른 코끼리들은 긴 코에 물을 한가득 머금어 자칼과 하이에나 떼를 향해 소방호수처럼 쏘아댔다.

"에고에고~, 누가 내 머리에 폭탄을 던지는 거야. 아이고 아파라."

"우웩, 난 물 먹었어! 코로 물이 들어가서 숨을 못 쉴 지경이야!"

하이에나와 자칼 떼는 이리 뛰고 저리 뛰며 정신없이 떠들어댔다.

"자, 이번엔 코뿔소 부대!"

숲 전체가 난리가 난 가운데, 다시 한 번 바이오팬이 소리쳤다. 그러자 숨어 있던 코뿔소 부대가 뿔을 쳐들고 나타나, 자칼과 하이에나들의 똥꼬에 사정없이 일침을 가했다.

"헤헤헤, 요 녀석들아. 이것이 바로 이 코뿔소 님의 공포의 똥침이란 것이다."

코뿔소 부대의 코뿔이가 하이에나와 자칼 무리를 향해

고소하다는 듯 통쾌하게 웃으며 말했다.

"에고에고, 나 죽네, 나 죽어~. 걸음아 날 살려라~."

만신창이가 된 하이에나와 자칼 무리는 뒤도 돌아보지 않고 도망을 쳤다.

"우와, 우리가 이겼다. 우리가 자칼과 하이에나 떼를 물리친 거야!"

바이오팬과 초식 동물들은 두 손과 앞발을 번쩍 들어 환호했다.

"이젠 이 초식동물왕국엔 얼씬도 못 하겠지."

얼룩말 얼룩이가 기세등등 어깨를 쫙 펴고 말했다.

"그럼 당연하지. 혼이 났을 걸! '걸음아, 날 살려.' 라며 도망치는 꼴이라니. 하하하……."

바이오팬이 호탕하게 웃어 보였다.

"하지만 육식동물왕국의 왕인 사자를 만나 담판을 지어야겠어! 이건 계약 위반이잖아."

초식동물왕국의 왕인 물소가 근엄한 목소리로 말했다.

육식 동물과의 전쟁으로 혹독한 밤을 보내고 다시 평화를 찾은 초식동물왕국에, 다음 날 이른 아침부터 육식 동

물의 왕 라이온킹이 찾아왔다.

"간밤에 있었던 일은 정말 미안하오. 말썽쟁이 자칼과 하이에나 무리의 철없는 행동을 이해해 주었으면 하오."

커다란 덩치에, 긴 수염을 땋아 내린 사자가 사과의 말을 전했다.

“이번 한 번만 눈감아 주겠소. 다시는 이런 일이 없도록 해주시오. 자 그럼 우리 밀림왕국에 다시 평화가 찾아온 것이 맞지요? 서로 도우며 잘 지내 봅시다.”

초식동물왕국의 왕 물소가 화해의 손을 내밀었다.

이리하여 밀림왕국은 다시 평화로워졌고 바이오팬은 초식동물왕국의 영웅이 되었다.

LOOK!

당신은 스테이지 2를 통과했습니다.

다음 아이템을 받을 수 있습니다.

□ 공

린네와 채팅하기

린네 님{린네}이 입장하셨습니다.

바이 님{바이오팬}이 입장하셨습니다.

사자

린네: 자! 동물의 왕 사자 이야기를 해볼까?

바이: TV에서 봤는데, 사자는 수컷과 암컷의 모양이 다르지요?

린네: 물론이야. 수컷은 암컷보다 몸집이 크고 힘이 세지. 그리고 갈기는 수컷에게만 있어.

바이: 그럼 사냥은 힘센 수컷이 주로 하겠네요?

린네: 그렇지 않아. 암컷들이 주로 사냥을 해. 암컷 사자들은 무리 지어 사냥을 하는데, 한 무리가 동물을 몰고 반대쪽에서 기다리던 다른 무리가 덤

벼들어 잡지. 반면에 수컷은 암컷이 잡아온 고기를 먹기만 하고. 암컷은 사냥을 하면 먼저 수컷을 먹게 하고 그 다음에 자신과 새끼들이 먹어.

바이: 우와! 수컷 사자는 얌체족이군요!

린네: 어떻게 보면 그런 셈이지. 사자의 먹이는 주로 가젤, 흑멧돼지, 얼룩말, 누 등의 큰 동물인데, 암컷들이 이렇게 힘을 합쳐서 먹이 사냥에 성공하는 비율은 네 번에 한 번꼴이야.

바이: 그럼 사자도 무리생활을 하나요?

린네: 사자는 두 마리 내지 네 마리의 암컷과 한두 마리의 수컷, 그리고 다섯 내지 여섯 마리의 새끼들이 한 무리를 이뤄. 사자의 새끼들은 생후 6개월 정도가 되면 사냥을 할 수 있고 2~3세가 되

면 수컷 사자는 무리에서 떨어져 나와 독립을 하지. 독립한 사자는 좀더 클 때까지 혼자 살아가면서 다른 수컷 사자와 싸워 영역을 차지하기도 해.

바이: 사자는 주로 낮에 사냥하나요?

린네: 아니. 사자는 하루에 거의 20시간을 자. 낮에는 주로 자고 밤이 되면 사냥을 한단다.

바이: 와, 20시간?! 용맹한 사자가 아니라 게으른 사자네요.

표범

린네: 이번에는 표범에 대한 이야기! 표범의 가장 큰 특징이 뭔지 알아?

바이: 나무를 잘 타는 거요.

린네: 맞아. 표범과 치타는 무늬가 비슷하지만 치타는 나무를 못 타는 데 비해 표범은 나무 타기의 도

사야. 표범은 사냥한 먹이를 적에게 빼앗기지 않기 위해서 먹이를 물고 나무 위로 올라가 나무에 걸쳐 두지. 표범은 턱이 아주 강해서 90킬로그램이나 되는 먹이를 높은 나뭇가지에까지 올려다 놓을 수 있어.

바이: 세상에나, 입으로 90킬로그램이라……, 놀라움 그 자체! 질문 하나 더. 표범과 치타를 구별하는 또 다른 방법이 있나요?

린네: 있지. 치타는 발톱을 감출 수 없고 표범은 고양이처럼 발톱을 감출 수 있어.

하이에나

린네: 이번에는 아프리카의 청소부 하이에나 얘기를 해볼까?

바이: 왜 청소부죠?

린네: 하이에나는 다른 동물들이 먹고 남긴 찌꺼기를

먹거든.

바이: 윽, 지저분하긴…….

린네: 하지만 만일 하이에나나 독수리가 동물들의 시체를 먹어치우지 않으면 아프리카는 썩은 냄새 때문에 동물들이 살기 힘들 거야.

바이: 하이에나가 직접 사냥을 하기도 하나요?

린네: 물론이야. 치타나 표범처럼 자신보다 약한 동물이 잡은 먹이를 훔칠 때도 있지만 사실 하이에나도 사냥을 잘해. 하이에나는 먹이의 뼈를 으스러뜨릴 만큼 강한 턱과 이빨을 가지고 있거든.

바이: 치타나 표범이 하이에나보다 한 수 아래라니 놀라운데요.

자칼

린네: 하이에나와 비슷한 식성을 가진 동물로 자칼이라는 동물이 있어. 자칼은 여우처럼 몸이 날씬하

고 하이에나보다 귀가 크고 뾰족하며 다리가 길어서 아주 빨리 달리지. 자칼도 무리를 지어 생활하는데, 주로 표범이나 사자가 먹다 남긴 먹이를 먹어.

바이: 또 찌꺼기 청소부군!

린네: 자칼도 하이에나처럼 동물의 시체를 먹기도 하지만 직접 사냥하기도 하지. 주로 새끼 가젤이나 쥐, 토끼 등을 사냥해.

서프라이즈 진실 혹은 거짓

1 _ 육식 동물은 풀을 전혀 먹지 않는다.

□ 진실　　□ 거짓

2 _ 자칼은 수컷과 암컷이 죽을 때까지 함께 산다.

□ 진실　　□ 거짓

3 _ 여우의 꼬리 끝은 흰색이다.

□ 진실　　□ 거짓

알쏭달쏭 내 생각

동물왕국에 난데없이 뿌리를 찾는 열풍이 불어 닥쳤다. 그 중에서도 늑대와 개의 뿌리 논쟁이 제일 심했는데, 늑대 측에서는 개가 자신들의 후예라고 주장했다.

그러자 사람들로부터 많은 사랑을 받는 개들은 자신들처럼 사람에게 충성스런 동물이 늑대처럼 사람을 해치는 동물의 후예일 리가 없다며 늑대들의 주장에 반박했다.

늑대와 개 중 누구의 주장이 옳을까? 여러분의 생각은?

□ 늑대 □ 개

아하! 알았다 정답

진실 혹은 거짓

1_ 거짓

사자와 같은 육식 동물은 초식 동물의 위나 창자에 들어 있는 풀을 먹음으로써 비타민을 섭취한다. 그리고 배탈이 났을 때는 따로 풀을 먹기도 한다.

2_ 진실

무리 지어 생활하는 자칼은 부부 금실이 좋아 암수가 죽을 때까지 함께 지낸다.

3_ 진실

여우는 새끼들을 데리고 갈 때 꼬리를 위로 세운다. 이때 꼬리 끝이 흰색이라 새끼들의 눈에 잘 띄어 새끼들이 길을 잃지 않게 된다.

알쏭달쏭 내 생각

늑대의 주장이 옳다.

늑대와 개는 같은 과에 속하는 동물이다. 과학자들의 연구에 의하면, 13만 5천 년 전부터 인간이 늑대를 길들여 왔는데 그것이 바로 개가 되었다고 한다.

낯선 사람을 보면 개가 짖는 것은 바로 개들이 아주 오랜 옛날에 집단생활을 했으며 그때 적이 왔다는 것을 동료들에게 알리는 것이라고 한다.

스테이지 3

악어와 원숭이
열대 우림의 동물

아프리카의 동부 지역은 일 년 내내 덥고 습기가 많은 밀림인데,
이곳을 **열대 우림**이라고 부른다.
이 지역에는 악어나 원숭이들이 많이 산다.

아프리카 밀림 끝 열대 우림 지역은 악어들과 원숭이들이 이웃사촌이 되어 서로 도우며 행복하게 살아가고 있는 곳이다. 최근 이 지역 원숭이들은 새로운 놀이에 푹 빠졌는데, 그것은 바로 바이오팬이 만들어준 공으로 공놀이를 하는 것이었다.

하루는, 원숭이들이 여느 때와 같이 강가에서 공놀이를 하고 있는데, 한 원숭이가 공을 너무 세게 던지는 바람에 공이 그만 강 건너로 넘어가 버렸다. 함께 놀던 원숭이들은 강가에 모두 나와 멍하니 강 건너를 바라보았다. 헤엄을 잘 못 치는 원숭이들은 강을 건널 수 없었다.

"내가 도와줄까?"

그때 강물 속에서 악어가 머리를 내밀고 말했다.

"정말?"

원숭이들은 반가워했다.

잠시 후 악어 떼가 물 위로 떠올라 징검다리를 만들었고, 원숭이 한 마리가 악어들 등 위를 깡충깡충 뛰어 강을 건너가 공을 집어왔다.

악어의 도움으로 공을 찾게 된 원숭이들은 자신들이 아

끼는 야자수와 코코넛을 악어들에게 선물로 주었다.

그렇게 평화로운 날이 계속되던 어느 날 원숭이들의 우두머리인 몽키짱이 헐레벌떡 바이오팬에게 뛰어왔다.

"바이오팬, 우리 좀 도와줘!"

몽키짱이 가쁜 숨을 몰아쉬며 말했다.

"무슨 일인데 그러니? 숨 좀 돌리고 차근차근 설명해 봐."

바이오팬이 몽키짱을 진정시키며 말했다.

"악어대장 크로커가 잡혀갔어!"

"아니 이 밀림에서 누가 겁도 없이 크로커를 납치했단 말이야?"

바이오팬이 몽키짱의 말을 자르며 되물었다.

"바이오팬, 내 말 좀 끝까지 들어 봐! 크로커는 동물들에게 납치된 게 아니라 사람들에게 납치된 거야. 요즘 우리 열대 우림 지역에 사람들이 어슬렁거리기에 그렇게 조심하라고 일렀건만, 자기 아내인 크롤리가 잡혀가는 걸 말리다가 그만 자기가 잡혀갔어."

몽키짱은 안타까운 표정으로 말을 이었다.

"내가 알아보니 그 사람들은 이탈리아 가죽회사인 악어가죽천지니에서 악어사냥을 온 사람들인 것 같아. 아마 크로커를 잡아가 가방이나 신발을 만들어 버릴 거야. 나, 무서워 바이오팬……."

몽키짱은 두려움에 몸을 파르르 떨었다.

"가만 있을 수 없어! 인간들의 욕심이 우리 삶의 터전인 밀림을 쑥대밭으로 만들어 놓는군. 머지않아 인간들은 더 많은 걸 욕심내고 밀림을 파괴할 거야."

바이오팬의 목소리는 긴장되어 있었다.

바이오팬은 곧바로 육식 동물들을 불러 모으기 시작했다. 육식 동물들에게 사정을 이야기하고 도움을 청했다. 육식 동물들은 흔쾌히 승낙했고, 바이오팬은 그들과 함께 열대 우림으로 떠났다.

"음하하~, 여기 있는 악어들 다 잡으면 수입이 꽤 짭짤하겠는걸!"

"그래! 큰 놈만 잡지 말고 가죽 연한 어린놈도 잡아! 연한 가죽이 더 돈이 된단 말이야!"

밀렵꾼들은 킬킬거리며 얘기를 나누고 있었다.

"저런 나쁜 놈들……."

수풀 사이에서 이들을 지켜보던 바이오팬은 터져 나오는 울분을 참을 수 없었다.

"자, 가만히 보고만 있을 수 없어. 모두 공격!"

바이오팬은 공격할 때를 기다리고 있다가 힘차게 외쳤다.

바이오팬의 공격 명령이 떨어지자 날아다니는 원숭이 플라이몽키들이 나무를 이리저리 날아다니며 밀렵꾼들의

정신을 빼놓았다. 그 틈을 이용해 긴팔원숭이들은 긴 팔로 딱딱한 야자열매를 따다가 마구 던졌다.

“아니, 이것들은 다 뭐야! 조그만 원숭이들이 왜 이렇게 설쳐대……, 이런!”

밀렵꾼들 중 대장인 듯 보이는 사내가 허겁지겁 야자열매를 피하며 말했다.

빵~ 빠방~!

그때 고막이 찢어질 정도로 큰 총소리가 밀림을 울렸다. 그러자 총소리에 화들짝 놀란 원숭이들이 이리저리 도망치기 시작했다.

"라이온킹! 이제 네가 나서줘야겠어!"

바이오팬은 상황을 지켜보고 있던 육식 동물의 왕 라이온킹에게 부탁했다.

"음…… 내가? 잠시만……"

바이오팬의 기대와 달리 라이온킹은 잠시 머뭇거렸다.

"아니 왜 그러십니까, 대장. 대장의 힘을 보여 주십시오."

넘버 투인 표범이 라이온킹을 재촉했다.

"아니 그게 아니라, 난 머리가 너무 무거워서 요즘 도통 실력 발휘가 안 돼."

왕의 체면도 잊은 듯 라이온킹은 주변 눈치를 살피며 작은 목소리로 말했다.

"여보, 걱정하지 마세요. 저희들이 혼내 주고 올게요. 가만 계세요!"

사자 왕 라이온킹 옆에 있던 암사자 다섯 마리가 표범을 쏘아보며 말했다. 왕인 라이온킹을 무시해서 화가 난 모양이었다.

암사자들은 밀렵꾼들을 향해 용맹하게 돌진했다. 총을 쏘던 사람도 그 기세에 눌려 총 한 방 제대로 쏘지 못하고 암사자들의 앞발에 나가떨어졌다. 암사자들은 밀렵꾼들이 타고 왔던 차들도 순식간에 뒤집어 놓았다. 밀렵꾼들은 도망도 가지 못하고 암사자들 앞에서 벌벌 떨었다. 이번에는 표범들이 응징에 가세했다. 표범들은 밀렵꾼들을 입으로 물어 나무 꼭대기에 모두 걸쳐 놓았다.

"동물들이 미쳤나 봐! 에고 에고, 나 죽네!"

밀렵꾼들은 나무 꼭대기에서 서로 뒤엉켜 그 꼴이 가관이었다.

"자, 그만들 했으면 됐어."

밀렵꾼들을 혼내고 있던 동물들을 진정시키며 바이오팬이 앞으로 나왔다. 공포에 질린 밀렵꾼들은 사시나무 떨듯 부들부들 떨었다.

"잘 들으세요! 이 밀림은 당신들이 욕심을 채우기 위해

함부로 할 수 있는 곳이 아닙니다. 다시는 이 밀림에 얼씬도 하지 마세요. 만약 다음에 또다시 눈에 띄면 이 정도에서 봐주지 않을 겁니다. 알아들었어요?"

바이오팬은 근엄한 목소리로 말했다.

밀렵꾼들은 바이오팬의 말이 끝나기가 무섭게 나무에서

엉금엉금 기어 내려왔다. 하지만 노려 보고 있는 암사자들과 표범들 앞에서 움직일 수 없었다. 결국 바이오팬이 눈짓으로 가라는 신호를 보내자 그제야 새파랗게 질려서는 엉덩이에 불이라도 붙은 듯 잽싸게 그 자리를 떠났다. 그리고 바이오팬과 육식 동물들은 다른 차에 납치되어 있던 크로커를 안전하게 구출했다.

LOOK!

당신은 스테이지 3을 통과했습니다.

다음 아이템을 받을 수 있습니다.

□ 트로피

린네와 채팅하기

린네 님{린네}이 입장하셨습니다.

바이 님{바이오팬}이 입장하셨습니다.

유인원

린네: 자! 오늘은 열대 우림 지역에 사는 동물들에 대한 얘기를 해보자.

바이: 열대 우림? 그게 정확히 뭔지 설명해 주세요.

린네: 아프리카 동부, 남아메리카 북부, 동남아시아의 남부 등 적도에 가까운 곳은 일 년 내내 덥고 습도가 높아서 나무가 잘 자라는 밀림인데, 이곳을 열대 우림 지역이라고 불러.

바이: 거기엔 어떤 동물이 살죠?

린네: 유인원들이 살지.

바이: 유인원요?

린네: 그래, 유인원. 고릴라, 침팬지, 오랑우탄, 긴팔원숭이처럼 생김새가 사람과 비슷한 동물을 유인원이라고 해. 아프리카에는 고릴라와 침팬지가, 아시아에는 오랑우탄과 긴팔원숭이가 많이 살아.

바이: 아시아 유인원과 아프리카 유인원은 어떤 차이가 있어요?

린네: 아시아에 사는 긴팔원숭이나 오랑우탄은 주로 나무 위에서 지내는 반면, 아프리카에 사는 침팬지나 고릴라는 땅 위에서 생활하는 게 가장 큰 차이지.

바이: 유인원의 또 다른 특징은요?

린네: 팔이 다리보다 길고 꼬리가 퇴화되어 있다는 것. 그리고 도구를 잘 사용하고 서로 의사소통을 하지. 아무튼 유인원은 사람 다음으로 지능이 높은 동물이야.

고릴라, 침팬지, 오랑우탄

린네: 먼저 고릴라 얘기를 해볼까? 고릴라는 유인원 중에서 제일 몸집이 크단다. 그리고 수컷은 더 커서 보통 암컷 몸무게의 두 배쯤 되지. 고릴라는 보통 다섯 마리에서 열 마리 정도가 무리를 지어 다니는데, 무리에는 항상 수컷 우두머리가 있어.

바이: 고릴라가 싸움을 잘하나요?

린네: 그렇진 않아. 고릴라는 보기와 달리 성질이 온순해서 싸움은 잘 못 해. 표범이 오면 무서워서 도망치지.

바이: 근데 왜 고릴라는 가슴을 치는 거죠?

린네: 그건 기분이 좋다거나 화가 났다는 뜻이야.

바이: 아, 그렇구나. 오랑우탄의 특징은 뭐예요?

린네: 오랑우탄은 몸이 커서 행동은 빠르지 못하지만 나무 위에서 생활하는 걸 좋아해. 또한 붉고 긴 털이 나 있고 동남아시아에서 살고 있단다. 오랑우탄은 말레이시아 말로 '숲 속의 사람' 이라는 뜻이야.

바이: 긴팔원숭이는요?

린네: 긴팔원숭이는 팔이 길고 몸집이 작아서 긴 팔로 이 나뭇가지에서 저 나뭇가지로 잘 옮겨 다녀.

바이: 침팬지의 특징은요?

린네: 침팬지는 아주 영리해서 도구를 잘 사용해. 돌을 사용해서 열매껍질을 벗기기도 하고 나뭇가지를 꺾어서 흰개미집 속에 찔러 넣어 흰개미가 나뭇가지에 붙으면 꺼내어 핥아먹기도 하거든. 아주

영리한 유인원이지.

바이: 침팬지도 사람처럼 감정을 표현하나요?

린네: 물론. 침팬지는 눈, 코, 입을 이용하여 감정을 표현해. 슬플 때는 머리를 뒤로 젖히고 입을 크게 벌리지.

바이: 그럼 인사도 해요?

린네: 응. 오른손을 들고 손바닥을 약간 굽히는 것이 침팬지의 인사야.

바이: 침팬지도 손을 잘 이용하나 보네요?

린네: 침팬지는 사람처럼 도구를 사용할 줄 알아. 이미 말한 것처럼 흰개미를 잡을 때 긴 나뭇가지를 꺾어 침을 묻힌 다음, 흰개미 구멍 속으로 집어넣지. 그리고 흰개미가 달라붙은 나뭇가지를 꺼내서 마치 아이스바를 빨아먹듯이 핥아먹어.

바이: 또 궁금한 게 있어요.

린네: 뭐지?

바이: 유인원들은 왜 엉덩이가 빨개요?

린네: 엉덩이에 핏줄이 많아서 붉게 보이는 거야. 아 참! 맨볼기라는 말 들어 봤니?

바이: 아니요.

린네: 아시아의 유인원들은 나무에서 생활한다고 했지?

바이: 네.

린네: 그러니까 아시아 유인원들은 맨볼기가 있어. 나뭇가지에 오래 앉아 있어도 엉덩이가 안 아프게 되어 있지. 하지만 고릴라처럼 땅 위에서 생활하는 유인원은 맨볼기가 없어.

악어

린네: 열대 우림 지역에 사는 또 다른 동물로는 악어가 있어. 악어는 물가에 살면서 날이 더워지면 물속에 들어가서 지내. 물속에 있을 때는 숨을 쉬기

위해 눈과 콧구멍만 물 위로 내놓고 있어.

바이: 악어는 여러 종류가 있다는데, 사실인가요?

린네: 물론이야. 악어에는 크로커다일과 앨리게이터, 가비알이 있는데, 머리 모양이 많이 다르게 생겼어. 그리고 앨리게이터는 크로커다일에 비해 성질이 난폭하지.

바이: 악어는 뭘 먹고사나요?

린네: 어린 악어는 주로 게나 새우를 먹고 개구리나 물고기, 물새도 잡아먹지. 악어가 먹이를 잡을 때는 크고 강한 턱과 날카로운 이빨을 이용해. 작은 동물은 한 입에 삼키고 큰 동물은 갈기갈기 찢어 먹거든. 악어는 물속에 숨어 있다가 물을 건너려는 영양이나 누와 같은 초식 동물을 덮치는데, 이때는 동물을 입으로 물고 물속으로 들어가 질식시켜 죽인 다음 잡아먹어.

바이: 윽, 잔인하네요……. 악어는 사람처럼 새끼를 낳

는 동물인가요?

린네: 아니야. 악어는 파충류로 알을 낳아. 강가에 알을 20～30개쯤 낳고 묻어 두는데, 60～70일이 지나면 새끼 악어가 알을 깨고 나온단다.

서프라이즈 진실 혹은 거짓

1 _ 미국악어는 눈에서 코까지의 길이를 알면 몸통의 길이를 알 수 있다.

□ 진실 □ 거짓

2 _ 악어는 먹이를 먹은 후 눈물을 흘린다.

□ 진실 □ 거짓

3 _ 원숭이는 게를 무서워한다.

□ 진실 □ 거짓

알쏭달쏭 내 생각

아프리카 동물 마을에 사람들이 커다란 거울을 하나 설치해 주었다. 마침 다른 동물들이 모두 소풍을 가고, 거울을 설치했을 때는 침팬지와 코끼리만이 남아 있었다.

소풍을 갔다 온 다른 동물들이 거울을 구경하러 갔더니 거울은 산산조각이 나 있었다. 동물들은 깨진 거울을 보고 실망했고, 범인을 찾아내기 위해 침팬지와 코끼리를 불러 심문했다.

침팬지와 코끼리 중 누가 거울을 깼을까? 여러분의 생각은?

□ 코끼리 □ 침팬지

아하! 알았다 정답

진실 혹은 거짓

1 _ 진실

미국악어의 눈에서 코까지의 길이를 인치 단위로 잰 후 단위를 피트 단위로 바꾸면, 악어의 몸통 길이가 된다. 예를 들어 악어의 눈에서 코까지의 길이가 2.54센티미터(1인치=2.54센티미터)라면 이 악어의 몸통 길이는 1피트(30.48센티미터)이다.

2 _ 진실

악어가 큰 먹이를 입에 넣고 삼킬 때는 턱뼈가 벌어지면서 눈물샘을 자극하여 눈물을 흘리게 된다. 사람이 하품을 하면 눈물이 나는 것과 같은 이치다.

3 _ 진실

원숭이는 게처럼 털이 없는 동물을 만난 적이 없어서 이를 보면 낯설음에 두려워한다. 하지만 게에게 털옷을 입혀 주면 원숭이는 게에게 가까이 다가간다.

알쏭달쏭 내 생각

정답은 코끼리다.

침팬지는 3~4세 아이의 지능을 가지고 있어서 거울을 보면서 자신이 보지 못했던 뒷모습을 보거나 이빨을 살필 정도로 영리하다. 하지만 코끼리는 거울 속에 보이는 코끼리가 자신의 영역을 넘보는 다른 코끼리라고 여기고 공격을 하게 되는데, 이로 인해 거울이 깨지게 된 것이다.

스테이지 4

동물 올림픽

동물들의 특징

치타는 100m를 3초에 뛰는, 네 발 동물 중 가장 빠른 동물이다. 여러 **동물의 특징**에 대해 알아보자.

평온했던 세렌게티 동물왕국이 아침부터 시끌벅적 요란스럽게 들떠 있었다. 동물들의 단합을 위한 친선 동물 올림픽 때문이었다. 동물왕국에서 이런 올림픽은 처음 있는 일이라 동물들은 모두가 일찍 일어나 경기가 열릴 초원으로 몰려들었다.

경기는 초식동물왕국과 육식동물왕국의 대결로 진행될 예정이었는데, 각 왕국의 동물들은 식도 열리기 전부터 팀별로 모여서 신경전을 벌였다. 그리고 경기에는 참가하지 못하지만 손님으로 초대된 열대 우림 동물들은 구경하기 좋은 관람석을 찾기 위해 분주히 움직였다.

이렇게 들뜬 분위기 속에서 시간이 되자 바이오팬이 동물 올림픽의 시작을 알렸다.

"모두 반갑습니다. 지난번 열대 우림 친구들을 도우며 우리는 하나란 걸 느꼈습니다. 그리고 더욱 돈독한 우정을 키우기 위해 이렇게 동물 올림픽을 개최하게 되었습니다. 모두들 하나 되는 마음으로 즐겁게 올림픽을 즐기시기 바랍니다."

바이오팬의 개회 인사가 끝나자 모든 동물들은 각자 특

유의 울음소리를 내며 환호를 보냈다. 밀림에 사는 새들은 즐겁게 지저귀고 우거진 숲들도 나뭇가지를 흔들어대며 좋아했다.

올림픽의 첫 게임은 100m 달리기였다.

“자 그럼 게임을 시작하겠습니다. 초식 동물과 육식 동물 양팀의 100m 달리기 대표 나오세요!”

바이오팬이 나뭇가지를 마이크 삼아 선수 입장을 알렸다. 그러자 초식 동물 대표로 스프링영양 스프양이 손을 흔들며 출발지점에 나와 섰다. 육식 동물에서는 빠르기로 유명한 치타 치토스가 어깨를 쫙 펴고 나와 잘빠진 몸매를 과시했다.

“준비~땅!”

선수들이 출발선에 선 것을 확인한 바이오팬이 신호와 함께 스컹크 배를 꾹 눌렀다. 그러자 스컹크가 ‘뽀~옹’ 방귀를 뀌었고, 영양과 치타는 스컹크 냄새를 견디기 힘들어서 서로 빨리 가려고 힘껏 내달렸다.

100m는 짧은 거리였지만 둘은 앞서거니 뒤서거니 하며 열심히 달렸다. 그러나 스프양은 단거리 선수인 치토스에

게는 상대가 되지 못했다.

“키키키, 스프양 넌 나한테 안 돼! 네가 뛰어봤자 영양이지, 히히히.”

먼저 결승점에 들어온 치토스가 으스대며 잘난 체를 했다.

“두고 봐, 치토스! 언젠간 이기고 말 테야!”

스프양은 자신이 영양 마을에서 알아주는 달리기 선수인데도 불구하고 치타에게 졌다는 사실이 많이 속상한 눈치였다.

"두 번째는 1000m 허들 경기입니다. 선수들은 모두 출발선에 서 주십시오."

바이오팬은 열기를 이어 게임을 계속 진행해 나갔다.

"아무리 덤벼봤자 초식 동물들은 우리 육식 동물에게 상대가 안 되지, 암!"

100m 달리기에서 치토스가 이기자 우쭐해진 치타족 치토즈가 어깨를 으쓱거리며 출발선으로 나와 초식 동물들을 향해 말했다.

"스프양, 너무 실망 마. 이번엔 허들이야. 우리 스프링영양은 장애물 달리기에 더 자신 있잖아. 우리는 용수철처럼 통통 튀면서 달리니까 저 정도 장애물을 넘는 건 식은 죽 먹기지."

스프양의 친구인 스퍼양이 풀이 죽은 초식동물왕국 팀을 향해 파이팅을 외치며 출발선으로 나왔다.

다시 한 번 바이오팬은 스컹크 배를 힘주어 눌러 '뽀~

옹' 소리를 내며 출발신호를 보냈다.

초반 경기는 100m에서와 같이 치열했다. 하지만 치타족 치토즈는 한 바퀴인 400m를 돌고는 숨이 차서 자리에 주저앉아 버렸다.

"헉헉헉…… 도저히 더 이상은 못 뛰겠어. 달리기도 벅찬데 무슨 장애물까지 있는 거야, 헉헉……"

치토즈가 혓바닥을 쭉 내밀고 두 손을 흔들어 기권을 알렸다.

"와~ 스퍼양 네가 이겼어. 잘했어, 스퍼양!"

초식 동물들이 결승선에 들어온 스퍼양을 에워싸고 함께 소리 높여 기뻐했다. 이리하여 게임은 1:1 동점이 되었다.

"세 번째 게임은 원 밖으로 밀어내기 게임입니다. 팀에서 제일 힘이 센 친구들이 나오면 되겠지요? 자 선수 입장!"

바이오팬도 승패를 예측할 수 없는 게임에 흥분하며 게임을 진행했다. 초식동물왕국 팀에서는 누구를 내보낼지 고심하던 끝에 코끼리 코순이를 게임에 출전시키기로 했다. 이제 육식 동물 선수가 나올 차례였다.

"허걱! 저쪽 덩치가 만만치 않군. 흠…… 그럼 우리 쪽에선 표범 자네가 한번 나가 보게나."

육식 동물의 왕인 라이온킹이 표범의 눈치를 살피며 말했다.

"아니지요. 저보다는 힘이 센 라이온킹 님이 나가셔야죠. 여기서 힘이 가장 센 동물이 라이온킹 님 말고 누가 있겠습니까? 헤헤헤, 당연히 백수의 왕인 라이온킹 님이 나가셔야죠."

표범은 덩치 큰 코순이를 슬쩍 한번 보고는 간사하게 웃으며 말했다.

"엥? 내……가……?"

라이온킹은 말을 더듬거렸다. 그러고는 슬며시 아내들을 보았다. 하지만 암사자 다섯 마리는 악어들을 도와줄 때와는 달리 라이온킹의 눈을 피해 먼 산을 바라보고 있었다.

등 떠밀린 라이온킹은 어쩔 수 없이 원 안으로 어슬렁어슬렁 입장했다. 그러나 바이오팬이 시작을 알리자마자 라이온킹은 다급하게 소리쳤다.

"기권! 나 이 게임 기권이야. 저 코끼리에게 밟혀 죽으란 거야 뭐야. 난 못 해, 기권!"

라이온킹은 게임 1초 만에 하얀 손수건을 흔들며 퇴장했다.

"하하하하……"

"카카카카……"

"이히히히……"

"뭐야. 육식 동물의 왕인 라이온킹이 하얀 손수건을 흔들며 기권이라니……, 으하하 ……, 사자 체면 다 구기는구나!"

수많은 동물들이 라이온킹을 비웃었다. 자존심이 많이 상하고 창피했는지 라이온킹은 제대로 고개를 들지 못했다.

"네, 2 : 1로 초식 동물들이 이기고 있습니다."

이런 분위기 속에서 바이오팬이 중간 성적을 발표하자 육식동물왕국 팀은 일순간 침울해졌다.

"이거 너무 한 거 아니야? 우리 육식 동물에게는 불리한 것만 하는 거 아니냐고!"

좀 전 코순이와의 대결을 거부했던 표범이 거세게 항의했다.

"아냐. 초식 동물이고 육식 동물이고 모두 공평한 게임을 하는 거야. 네 번째 할 게임은 어쩌면 너희들에게 더 유리한 게임일지도 몰라."

바이오팬은 항의하는 표범을 향해 차분하게 말했다.

"그게 뭐야?"

표범이 고개를 갸우뚱하며 물었다.

"모두 잘 들으세요! 이번엔 역기 들기 게임을 딴 바위 들기 게임을 할 것입니다. 무거운 이 바윗돌을 입으로 물어서 저 나무 위로 먼저 가지고 올라가는 선수가 이기게 됩니다. 모두 알겠지요?"

바이오팬은 경기 방법을 자세히 설명해 주었다.

"그거라면 우리 표범이 짱이지. 우리는 입으로 들어 올리는 힘이 장난이 아니거든! 그리고 우린 타고난 나무 타기 선수잖아? 움하하하……. 너희 다 죽었어!"

표범은 자신에 찬 얼굴로 큰 소리로 떠들었다.

"어쩌지, 우리는 표범처럼 이빨 힘이 세지도 않고. 누가 나가야 하나……?"

초식 동물 왕인 물소가 걱정스런 얼굴로 초식 동물들을 둘러보며 말했다.

"될지는 모르겠지만…… 내가 한번 나가 볼까?"

조용히 있던 코뿔소 코뿔이가 어눌한 목소리로 조심스럽게 말했다.

"안 돼! 넌 초식 동물이라 턱 힘이 그렇게 세지 않잖아."

코끼리가 코뿔이를 말렸다.

"나도 자신 없어. 하지만 해보지도 않고 포기하는 건 나쁘다고 생각해. 모두들 나 코뿔이를 한번 믿어 줬으면 좋겠어."

친구들을 향해 말하는 코뿔이의 표정은 진지했다.

이렇게 해서 코뿔이와 표범이 시합을 겨루게 되었는데, 코뿔이는 코를 이용해서 아무리 바위를 올리려 해도 바위가 계속 굴러 떨어져서 나무 위로 올리지 못했다. 반면 표범은 간단하게 바위를 입에 물고는 나무 위에 올려놓았다. 결국 승리는 표범에게 돌아갔다. 하지만 초식 동물들은 용기를 내어 최선을 다한 코뿔이에게 격려의 박수를 보냈다.

"자, 이번 바위 들기 게임에서 표범이 승리하여 양 팀은 2:2 동점이 되었습니다. 마지막 남은 한 경기로 오늘의 승패가 가려지겠네요. 모두들 준비됐죠? 이번엔 단체전인 농구 게임입니다! 양쪽 모두 선수로 뛸 동물 다섯을 뽑아 주세요."

바이오팬이 큰 소리로 외쳤다.

초식 동물 팀에서는 목이 긴 기린들이 대표로 나왔고 육식 동물 팀에서는 여우들이 나왔다.

"호호호, 우리의 날렵함으로 너희들을 눌러 버리겠어! 호호호."

여우들은 양쪽으로 얄밉게 찢어진 눈을 번뜩이며 자신들의 승리를 호언장담했다.

"아니, 너희들이 우리들한테 안 될걸!"

기린들도 지지 않았다.

바이오팬의 시작 소리와 함께 공중으로 떠오른 공을 잡기 위해 여우와 기린들은 격렬하게 몸싸움을 벌였다. 그러나 기린 팀이 먼저 공을 차지했고 긴 목을 이용해 이리저리 패스하는 바람에 여우들은 한 번도 공을 손에 넣어 보지 못하고 0점으로 게임에서 지고 말았다.

"제1회 동물 올림픽 대회는 초식 동물 팀의 승리!"

바이오팬이 경기 결과를 발표하자, 초식 동물들이 환호성을 지르며 떠들썩하게 자축 세레모니를 했다.

트로피는 초식 동물의 왕인 물소가 대표로 받았다. 물소가 트로피를 받을 때 다시 한 번 초식 동물 팀에서 환호성

이 쏟아져 나왔다. 반면 육식 동물 팀은 완전히 풀이 죽어 환호하는 초식 동물 팀을 멍하니 바라보았다.

"너무 실망할 것 없어. 이건 친선 게임일 뿐이야. 서로의 우정을 더 돈독히 하기 위해서 말이야. 자 이제 모두들 축제를 즐겨야지!"

바이오팬이 육식 동물들을 위로하며 분위기를 띄웠다.

"알았어, 바이오팬. 하지만 다음 동물 올림픽 땐 꼭 우리 육식 동물 팀이 이길 거야! 하하하."

육식 동물의 라이온킹이 호탕하게 웃어 보이며 패배를 인정했다.

동물 올림픽을 통해 한자리에 모인 동물들은 저녁 늦도록 축제를 즐겼다. 참석한 모든 아프리카 밀림의 동물들은 앞으로도 평화롭게, 서로 도우며 살아갈 것을 약속했다.

LOOK!

축하합니다.

당신은 모든 스테이지를 통과했습니다.

린네와 채팅하기

린네 님{린네}이 입장하셨습니다.

바이 님{바이오팬}이 입장하셨습니다.

동물들의 달리기

린네: 동물들의 달리기 능력에 대한 강의를 시작해 볼게. 네 발 달린 동물들 중 제일 빠른 동물은?

바이: 치타.

린네: 딩동댕! 치타는 아프리카 사하라 사막 남쪽이나 인도 북부에 많이 살아. 치타는 네 다리도 무척 길고, 몸이 가늘고 부드러워서 빨리 뛸 수 있지. 그리고 먹이를 발견하면 무서운 속도로 달려가 단숨에 먹이를 낚아채는데, 그 속도가 무려 시속 120킬로미터 정도라고 해. 이건 100미터를 3초

정도에 달리는 거야.

바이: 우와! 고속버스보다 더 빠르네요.

린네: 하지만 치타는 이 빠르기로 오랫동안 뛸 수는 없어. 400~500미터만 뛰고 나면 숨이 차서 헉헉거리거든. 그러니까 육상 선수로 말하면 단거리 선수라고 할 수 있지.

바이: 그럼 장거리 선수는요?

린네: 영양이나 얼룩말이 오래 뛸 수 있어.

바이: 그럼 치타가 가장 빠른 동물이에요?

린네: 아~니. 네 발 달린 동물 중에서만 그렇지. 바다에서는 날치라는 물고기가 제일 빠른데, 시속 110킬로미터 정도야.

바이: 그래도 치타가 더 빠르네요.

린네: 새가 있잖아.

바이: 아하!

린네: 참새류에 속하는 어떤 새는 시속 200킬로미터로 날 수 있고, 매가 먹이를 낚아챌 때 속력은 무려 시속 360킬로미터 정도라고 해.

바이: 믿을 수 없어……! 그럼 느린 동물에는 뭐가 있어요? 얼마나 느려요?

린네: 나무늘보라는 동물이 있는데 시속 500미터 정도로 움직여.

바이: 헉…… 한 시간에 500미터? 완전히 기어가는군!

동물과 식물의 차이

린네: 이번에는 동물과 식물의 차이에 대해 알아볼까?

바이: 안 움직이면 식물이고, 움직이면 동물 아닌가요?

린네: 정답! 하지만 예외도 있어. 어떤 식물은 동물처럼 움직여서 곤충을 잡아먹기도 하고, 어떤 동물은 식물처럼 딱딱하게 굳어서 잘 움직이지 않으니까.

바이: 그럼 어떻게 구별하죠?

린네: 물론 가장 큰 차이점은 움직일 수 있느냐 없느냐야. 그리고 다음 차이는 스스로 영양분을 만들 수 있느냐지. 식물은 엽록소라는 것이 있어서 햇빛을 이용하여 스스로 영양분을 만들 수 있지만, 동물은 스스로 영양분을 못 만들고 식물이나 동물을 먹어 영양분을 섭취해야 해.

바이: 맞아요. 동물은 못 먹으면 죽어요.

린네: 또 동물과 식물은 몸의 구조가 달라. 식물의 몸은 크게 뿌리, 잎, 줄기로 나눠져 있어. 반면 동물은 근육이나 뼈 같은 운동기관, 위나 장과 같은 소화기관, 피부 · 눈 · 코 · 귀와 같은 감각기

관을 갖고 있지.

바이: 또 다른 차이는요?

린네: 숨을 쉬는 게 달라. 동물은 공기 중의 산소를 받아들이고 이산화탄소를 내뱉지만, 식물은 반대로 이산화탄소를 받아들이고 산소를 내뱉어. 이것이 바로 동물과 식물의 호흡 차이야.

거울과 동물

린네: 거울 앞에서의 동물들의 반응을 정리해 볼까?

바이: 재밌겠군요.

린네: 먼저 사자는 거울을 보면 무서워서 뒷걸음질을 쳐.

바이: 보기와 달리 소심하군요!

린네: 펭귄은 거울 속에 비친 자신을 친구로 생각하고.

바이: 남극의 신사답게 사교적인 성격!

린네: 코끼리는 아이큐가 50 내지 70 정도인데, 거울 속의 자신을 다른 무리의 코끼리인 줄 알고 발로 차서 거울을 깨버려.

바이: 음……, 난폭하군!

린네: 그리고 침팬지. 침팬지는 3~4세 어린아이의 지능을 가지고 있어. 그래서 거울을 보면 신기해하면서 자신의 엉덩이를 보거나 이빨 사이에 음식이 끼어 있는지를 확인하지.

바이: 난 영리한 침팬지에 한 표! 큭큭.

서프라이즈 진실 혹은 거짓

1 _ 고릴라가 “크릉크릉”거리는 소리는 ‘얌전히 있어.’ 라는 뜻이다.

□ 진실　　　□ 거짓

2 _ 코뿔소 등을 타고 다니는 새도 있다.

□ 진실　　　□ 거짓

3 _ 치타는 새끼 가젤을 잡으면 놓아준다.

□ 진실　　　□ 거짓

알쏭달쏭 내 생각

이동물 씨는 동물 매니아다. 동물 매니아가 뭐냐고? 남들이 잘 모르는 신기한 동물을 키우는 사람을 말한다. 악어, 원숭이, 새끼 호랑이 등을 키우고 있는 이동물 씨는 어느 날 스컹크 한 마리를 샀다. 이동물 씨가 사는 마을에는 집들이 별로 없어서 제일 가까운 집이 100미터나 떨어져 있었고, 그 집에는 식물을 키우며 혼자 사는 고식물 씨가 살고 있었다.

그러던 어느 날 고식물 씨는 스컹크가 방귀를 끼는 통에 살 수가 없다며 이동물 씨에게 항의했다. 그러자 이동물 씨는 스컹크의 방귀가 어떻게 그렇게 먼 집까지 가겠냐며 따졌다.

과연 누구의 주장이 옳을까? 여러분의 생각은?

□ 이동물 씨　　□ 고식물 씨

아하! 알았다 정답

진실 혹은 거짓

1_ 진실

동물들에게는 나름의 의사소통을 위한 언어가 있는데 고릴라의 경우 "와아우"는 '위험하다'는 뜻이고 "크릉크릉"은 엄마 고릴라가 아기 고릴라에게 '얌전히 있어.'라고 혼내는 말이다.

2_ 진실

아프리카에 사는 소등쪼기라는 새는 하마나 얼룩말, 코뿔소의 등에 올라타 벌레를 잡아주고 적이 오는 것을 알려 준다.

3_ 진실

어미 치타는 아기 치타에게 사냥 훈련을 시키기 위해 새끼 가젤을 잡았다 놓아준다. 그러면 아기 치타들이 새끼 가젤을 공격하면서 사냥법을 배우게 된다.

알쏭달쏭 내 생각

고식물 씨의 말이 옳다.

스컹크의 방귀가 지독한 이유는 부틸메르캅산이라는 물질이 있어서인데, 이 냄새는 1.6킬로미터 떨어진 곳까지 퍼지고 일 년이 지나도 가시지 않을 정도로 지독하다.

GO! GO! 과학특공대 09

끝없는 초원에서 만난 아프리카 동물

지은이 • 정 완 상
펴낸이 • 조 승 식
펴낸곳 • 도서출판 이치 사이언스
등록 • 제9 – 128호
주소 • 01043 서울시 강북구 한천로 153길 17
홈페이지 • www.bookshill.com
전자우편 • bookshill@bookshill.com
전화 • 02 – 994 – 0107
팩스 • 02 – 994 – 0073

2007년 12월 10일 제1판 1쇄 발행
2014년 8월 5일 제1판 7쇄 발행
2022년 4월 15일 제2판 5쇄 발행

가격 6,500원

ISBN 978–89–98007–33–1
978–89–91215–70–2(세트)

GO! GO! 과학특공대 시리즈

1. 가장 위대한 발명 **수**
2. 끼리끼리 통하는 **암호**
3. 구석구석 미치는 **힘**
4. 찌릿찌릿 통하는 **전기**
5. 온도와 상태를 변화시키는 **열**
6. 세상의 기본 알갱이 **원자**
7. 수·금·지·화·목·토·천·해 **태양계**
8. 몸무게가 줄어드는 **달**
9. 끝없는 초원에서 만난 **아프리카 동물**
10. 숨 쉬고 운동하는 **식물의 생활**
11. 달려라 달려 **속력**
12. 흔들흔들 **파동**
13. 세어볼까? **경우의 수**
14. 울려라 울려 **악기과학**
15. 초록 행성 **지구**
16. 보글보글 **기체**
17. 조각조각 **분수**
18. 반사하고 굴절하는 **빛**
19. 무게가 없는 **무중력**
20. 나눌까 곱할까? **약수와 배수**
21. 꾹꾹 눌러 **압력**
22. 뛰어 보자 **수뛰기**
23. 둥둥 뜨게 하는 **부력**
24. 외계에서 온 UFO
25. 쉽고 빠른 셈셈 **셈**
26. 우리의 가장 오랜 친구 **곤충**
27. 밀고 당기는 **자석**
28. 신기하고 놀라운 **삼각형**
29. 맞혀 볼까? **확률**
30. 한눈에 쏙쏙 **통계**

다음 책들이 곧 여러분을 만날 준비를 하고 있습니다.
많이 기대해 주세요.

- 사각형
- 비율
- 도형
- 놀이동산
- 도구
- 액체
- 화학반응
- 용액
- 숲속의 벌레
- 우리 주위의 동물
- 세계 곳곳의 동물
- 새
- 여러 종류의 동물
- 소화
- 인체
- 지구 변화
- 날씨
- 지질시대
- 바다